EXPRESSIONISMUS in ÖSTERREICH

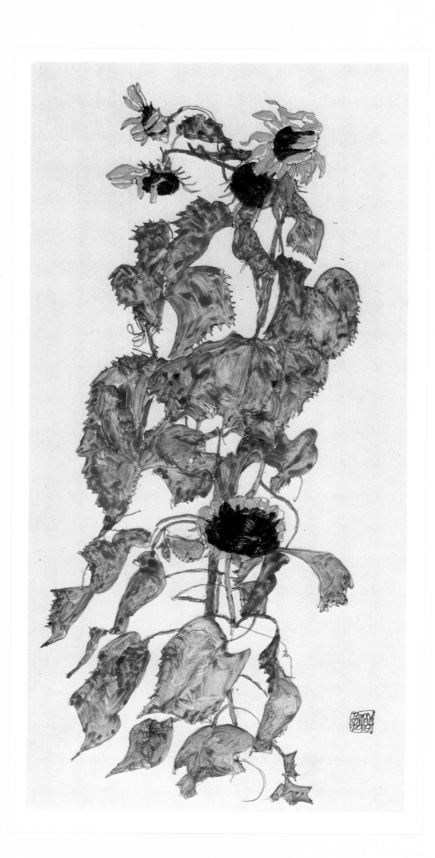

HANS PLANK

EXPRESSIONISMUS in ÖSTERREICH

– Klimt – Schiele – Kokoschka –

BERGHAUS VERLAG

© 1981 by Berghaus Verlag — D 8347 Ramerding
Printed in Germany — Imprimé en Allemagne
ISBN 3-7635-0032-4

,,Ich glaube nicht an das, was ich sehe, ich glaube nur an das, was ich nicht sehe und was ich fühle." Dieser Satz von Georges Rouault deutet auf eine wesentliche Grundlage expressionistischer Kunst. Daraus geht hervor, daß für Rouault das, was er fühlte, eine stärkere Wirklichkeit war als das Sichtbare. Er erlebte und fühlte eine Wirklichkeit, die ihn mit Trauer und Mitleid erfüllte: ,,Ich bin der schweigende Freund derer, die leiden in dem öden Gefilde". Seine Zeichnung verdichtete sich zu glasfensterhaft breiten schwarzen Konturen, daraus schwerblütige dunkel-glühende Farben leuchten in Entsprechung seines Erlebens der Wirklichkeit. Wie Rouault eine elende Welt, eine Welt zum Erbarmen, erlebt hat und seine Malerei deshalb ,,aus den elendsten Dialekten, vulgär und manchmal subtil" ge-macht ist, so wurden für den Norweger Munch die frühen Kindheitserlebnisse von Krankheit und Todesangst und die Spannung zwischen den Geschlechtern für sein Schaffen bestimmend. Munch malte Bilder wie ,,Angst", ,,Eifersucht", ,,Der Schrei", ,,Melancholie", welche der Bedrohung, der Sehnsucht unmittelbaren Ausdruck geben. Die Bilder Munchs wurden in Deutschland — besonders von den Malern der ,,Brücke" — sogleich verstanden, ihre Botschaft aufgenommen. Auf eine Welt im Umbruch reagierten kurz nach der Jahrhundertwende die Maler der ,,Brücke": Kirchner, Schmidt-Rottluff, Nolde und Heckel, heftig mit scharf zugespitzter Gestaltformulierung und mit plakathaft starkem Farbeinsatz. Diese Art der Malerei, der direkte und ungebrochene Ausdruck heftiger Gefühle, wirkte befreiend und stimulierend auf Künstler in anderen Ländern. Heimo Kuchling schreibt: ,,Die Tat van Goghs, Munchs und der eigentlichen Expressionisten, ,,Weltinnenraum" (Rilke) in eine Bildwelt verwandelt, Ängsten, Aggressionen, Zwängen und Aus-brüchen aus Zwängen, Form verliehen zu haben, wurde zu einer stiftenden Tat." Eben diese stiftende Tat strahlte auch auf die Kunst anderer Länder aus.

In der österreichischen Malerei um die Jahrhundertwende wirkten realistische und historisierende Tendenzen und der prunkvolle Dekorationsstil Makarts nach. Unter dieser Wirkung steht an seinem Beginn noch der führende Maler Wiens, Gustav Klimt, welcher in seiner frühen Zeit schon mit großen Auftragswerken in der Art der Dekorationsmalerei des späten 19. Jahrhunderts betraut wurde. Im Jünglings-alter war Klimt noch als Helfer Makarts tätig gewesen. In gewissem Maße kann das Jugendstilrankenwerk, welches durch lange Jahre Klimts Malerei erheblich be-lastete, als ein Weiterwirken der künstlerischen Prunkentfaltung Makarts gesehen werden. Der künstlerische Weg Gustav Klimts bildet denn auch — nicht nur zeitlich — die Brücke in der österreichischen Malerei vom 19. zum 20. Jahrhundert. Dieser Weg Klimts führte von der dekorativen Repräsentationskunst über seine ornament-durchsetzten Bilder der Jugendstilperiode zu impressionistisch beeinflußten, farbig erblühenden Spätwerken. In Klimts Kunst fanden der junge Egon Schiele und für kurze Zeit auch Oskar Kokoschka ihren Ansatz. Mit dem Namen Gustav Klimt ver-bindet sich sogleich die Vorstellung von Jugendstil, von schlangenartig sich windender Ornamentik, von mit Rechtecken und Ovalen durchwobenen goldenen Kleidern und Goldgründen, darin märchenhafte Blumen sprießen. Eine sehr künstliche Kunst, eine Kunst, die alles Leben in einen Mantel von Schönheit zu hüllen sucht, und wenn — sehr selten — Widerwärtiges in diese Bildwelt eintritt, dann nur in der ,,Konvention der Stilisierung" (Werner Hofmann). Auf sehr schmal gewordenem Grund gedeiht ein ästhetischer Kult (nicht nur in Wien), der den religiösen verdrängt und das Brodeln des kommenden Unterganges noch nicht sogleich vernehmen läßt. In Klimts Werk erreichte die Jugendstilkunst ihren Gipfel.

Bis zur Jahrhundertwende arbeitete Klimt an großen Auftragswerken historisierender und allegorischer Art (Deckenmalereien im Burgtheater und im Kunsthistorischen Museum). Sein Hang zum Ornament durchsetzte nach 1900 immer stärker seine Malerei, schon in „Judith" 1901, und überwucherte sie geradezu, wie in den Bildern „Der Kuß" 1907/08, „Wasserschlangen" 1904/07, „Judith II" 1909, „Bildnis Fritza Riedler" 1906. In diesen Bildern wirken die Nacktpartien der Figuren wie ausgeschnitten. Im Beethovenfries 1902 und im Speisesaal für das von Josef Hoffmann erbaute Palais des Industriellen Stoclet in Brüssel erscheint Klimts ornamentale Gestaltungsweise am extremsten. Nach 1910 tritt in seiner Malerei – wohl unter dem Einfluß der Impressionisten und Nachimpressionisten, deren Bilder in der Sezession gezeigt wurden – eine Lockerung ein, die farbige Behandlung der Bildfläche wird blühender, freier, wie im „Damenbildnis" 1917/18, „Die Braut" 1917/18. Die Landschaftsbilder sind auch vor 1910 nicht von Ornamenten durchsetzt. Werner Hofmann schreibt, Klimts Landschaft sei „eine brillant geschmückte, in immerwährende Schönheit gekleidete Natur".
Die Zeichnung Klimts ist nicht wie seine Malerei vom Ornament belastet. In Aberhunderten von Blättern hat der Künstler fast ausschließlich Frauen- und Mädchenakte und Studien zu weiblichen Bildnissen gezeichnet. Der genußfrohe Erotiker Klimt steigert seine Meisterschaft im geschmeidigen, spielerisch anmutenden Umschreiben von Frauenleibern und Gesichtern sensibel und sicher zu freiester Entfaltung. Über die ungeheure Anzahl von Portrait-, Akt- und Bewegungsstudien schreibt Fritz Novotny 1943: „Sie haben ein Merkmal der Kunstäußerungen großen Ranges: Die naturhafte Selbstverständlichkeit, mit der die Wirklichkeit in künstlerische graphische Form umgesetzt ist. Das Bedeutendste an der Kunst Klimts beruht in dieser Größe seines zeichnerischen Könnens."

Die stilistische Wirkung Klimts auf Schiele ist bald zu erkennen, auch eine thematische Verwandschaft in manchen Bildern, doch die starke innere Verschiedenheit ist überdeutlich. Klimt hatte impressionistische Einflüsse in seinen späteren Bildern verarbeitet. In Egon Schieles Bildern und besonders in Entwürfen und Skizzen drängt Erfühltes und ein fiebriges Getriebensein zum Ausdruck. Schieles Ausdruckskunst hat die Jugendstilhüllen abgestreift, das Ornamentale erscheint nur in wenigen Bildern. Seine Farbe ist schwelend, flackernd, modernd, die Figuren verrenkt, mit gespreizten Fingern, die Augen in den verdrehten Köpfen weit aufgerissen. Er malt Landschaften mit roten Horizonten, mit kahlen verkrüppelten Bäumen, Brechendes, Zerfallendes – und immer wieder Selbstbildnisse, gequält in Haltung und Ausdruck. Überreizte fiebrige Erotik treibt und peitscht Schiele zu den vielen Kauernden, Hockenden und den gespreizten Mädchenakten, den Paaren in verschränkten Haltungen. Schieles Zeichnung ist spitz, eckig, ritzend scharf gezogen, sich brechend und schneidend in Winkeln und Kanten der hochgerafften Kleider und Rockfalten. Spröd und empfindsam gezogene Linien umreißen die hageren Körper und Gesichter, nicht fließend anschmiegsam wie die Linien Klimts.

Er beginnt in seinen frühen Bildern um 1907/08 mit toniger Malerei. Um 1909/10 wird der beherrschende Einfluß Gustav Klimts bestimmend, seine Auffassung und Ornamentik direkt übernommen: „Bildnis Hans Maßmann" 1909, Selbstbildnis mit gespreizten Fingern" 1909, „Danae" 1909. In Thema und Ausführung äußert sich Schieles Eigenart aber schon im Bild „Tote Mutter" 1910 (die hagere Mutterhand mit Adern und knochigen Gelenken, der eckige Kopf), ebenso im „Bildnis Arthur Roessler" 1910, in einer für Schiele charakteristischen Haltung des Dargestellten, wie auch im „Bildnis Trude Engel" 1911. Aus unbestimmt getöntem Hintergrund tritt die junge Frau hervor mit weitgeöffneten Augen, den Kopf umwallt vom Gespinst der schwarzen Haare, deren scharfe Wellen im Rhythmus der Kleid- und Schleierfalten weiter schwingen. Eine scherenschnitthafte Zeichnung gliedert das Bild „Kardinal und Nonne" 1912, dessen schwärzlich grüner Grund vom jähen Rot des Kardinalsmantels und der Kappe dreieckartig geteilt wird, in welches das Schwarz des Nonnenkleides scharf einschneidet, dessen Umriß parallelartig korrespondiert mit dem schräg hängenden schwarzen Vorhang am linken oberen Bildrand. Überhaupt wird Schieles Bildgestaltung bis zuletzt in hohem Maße von der Zeichnung bestimmt: „Bildnis Albert Paris Gütersloh" 1918, „Die Familie" 1918. Spätherbstliche Gestimmtheit, wie Übergang der Dingwelt in Auflösung, durchwebt Schieles Bilder. Der frühe Tod des erst Achtundzwanzigjährigen durch die Spanische Grippe — seine Frau Edith starb mit dem noch nicht geborenen Kind drei Tage vor ihm — beendete sein Schaffen, das jedoch in seiner Eindeutigkeit vollendet erscheint.

Die Malerei Richard Gerstls (1883 - 1908) erscheint in der österreichischen Kunst seiner Zeit wie der Einbruch eines Wilden in ein gepflegtes Haus. „Das Primäre, Abrupte, Direkte, auf Anhieb Ursprüngliche war seine Lust", schreibt Otto Breicha und: „Gerstls Bildnerei erfüllt sich im heftigen Malakt selbst".
Gerstl, der in der Sezessionsausstellung 1903 Bilder der Impressionisten und Nachimpressionisten und 1904 Bilder Munchs und Hodlers sehen konnte, hat die neue Licht- und Farbenmalerei impulsiv aufgenommen und sie auf seine Weise bis zu expressiven Ballungen und Eruptionen vorangetrieben. Bildnisse „Alexander von Zemlinsky", „Ernst Diez", „Die Schwestern Fey" und Landschaften „Baum in einem Bauerngarten", „Seelandschaft mit Bäumen" haben in ihrem erregenden Pinselrhythmus den aufwühlenden Charakter des Spontanen. In zwei Gruppenbildern der Familie Schönberg offenbart sich die freieste und heftigste Entladung von Gerstls expressiver Künstlerpotenz. Alles ist auf die Farbe gesetzt, Kontur entsteht fast nur, wo Farben zusammen und teilweise übereinander treten. In raschem Zupacken faßt ein heftiges Temperament die Gruppe der vier Menschen zu einem starken Farbereignis in Grün-, Gelb-, Weiß-, Blauschwarz- und Violett-Tönen zusammen. Die Gegenstandsdarstellung ist auf das Wesentliche reduziert und so die fast hemmungslose Entfaltung der Farbe ermöglicht. Mit fünfundzwanzig Jahren beging der Künstler Selbstmord. Sein Werk brennt als einzelne Fackel.

Die Jugendstilornamentik umstrickte in Wien das künstlerische Schaffen nach der Jahrhundertwende mit ihrem dekorativen Schleier. Oskar Kokoschka, geboren 1886, löste sich rasch aus solcher Verstrickung, deren künstlicher Zauber vor seiner durchdringenden Sicht dahinschwand. Der wache Künstler mit seinem zupackenden Temperament sezierte die Erscheinungen, sein Blick konnte nicht mehr von hohlen Fassaden verstellt werden. Kokoschka wurde zum großen Bildnismaler, weil seine „Witterung" die seelischen Bereiche der Dargestellten erfaßte, er „roch", wie er sagte, seine Modelle. Schon 1909 entstanden so eindringliche Bildnisse wie „Adolf Loos", „Marquis de Montesquieu" und „Marquise de Montesquieu" 1909/10, um 1910 das Bildnis des Schweizer Arztes „Auguste Forel", aus welchem Gesicht und Hände des Dargestellten wie aus einem Schleier hervorkommen. Das „Bildnis Baron von Dirsztay" 1911 scheint wie mit Hammerschlägen gemalt zu sein, die Gestaltung von Armen und Rumpf wirkt, als wollte der Künstler die Figur mit dem Beil heraushauen. Kokoschka malt lasierend und pastos, kratzt mit dem Pinselstiel oder mit Fingernägeln Konturen in die nasse Farbe, wie es ihm zur Darstellung gerade gemäß erscheint. Neben solchen Bildnissen entstand, ebenfalls um 1909, das Bild „Dent du Midi", das eine großartige Berglandschaft visionär darstellt, in gelblich blasser Wintersonne. Die Farbe ist aquarellhaft dünn aufgetragen. Weniger visionär, aber ebenso großartig, pastos in kompakter Unmittelbarkeit gemalt, entsteht 1913 die Landschaft „Tre Croci". Kokoschkas malerischer Zugriff ist gewaltig und fest geworden, er peitscht die Farbe in Bahnen und Ströme, oder läßt sie frei, fleckenartig fließen. Ein Hauptwerk, „Die Windsbraut", entsteht um 1914, darauf wie in einem Boot ein Menschenpaar durch den blauschwarzen Ozean treibt, von mächtigem Wellenberg emporgehoben; der Mann — Kokoschka — hellwach in die Ferne schauend, die Frau — Alma Mahler — an seiner Seite schlafend. Kraft und Erfahrung des Malers halten sich die Waage in dem mächtigen Gruppenbild „Die Freunde" 1917/18. Dieses Bild, eines der wesentlichsten Werke des Künstlers, ist eine explosive Entladung voll gewundener und wie Blitze zuckender Pinselstriche. Der Einfluß von van Goghs expressivem Gestaltungsrhythmus ist darin wirksam geworden.

Als der Erste Weltkrieg ausbrach, meldete sich Kokoschka freiwillig, wurde an der Ostfront schwer verwundet und kam in ein Militärspital nach Dresden. An der dortigen Kunstakademie wurde er 1919 Professor. In dieser Zeit entstand das packende Bild „Elbufer in Dresden", in dem stärkste Farben — Zinnoberrot und Grün — wohl unter dem Einfluß der Brücke-Maler sich blockartig verdichten. Auch „Augustusbrücke mit Dampfer" 1923 entstand dort, bevor Kokoschkas große Reisezeit begann. In den folgenden Jahren malt er zahlreiche Städtebilder mit großem Gestus, in welchen sich manchmal barocke Auffassung mit impressionistischer Lichtmalerei mischt.

Der Humanist Kokoschka war voller Mitgefühl für die Not der Menschen. An Alfred Neumeyer schrieb er: „Was mich in zunehmendem Maße beunruhigt, ist das Elend unschuldiger Kinder". Aus diesem Geist schuf er in der Notzeit 1945 die Lithographie, auf welcher der gekreuzigte Christus seine Hand vom Kreuzbalken gerissen hat, um die hungernden und frierenden Kinder unter dem Kreuz das Blut aus seiner Hand trinken zu lassen.

Wie mit brachialer Gewalt brechen die Bilder von Albin Egger-Lienz in die österreichische Kunstlandschaft ein. Eggers Malerei war im Wesen nicht von expressionistischen Intentionen bestimmt, er suchte das menschliche Dasein in seiner

Tafel I

bäuerlichen Erscheinungsform sinnbildhaft zu erfassen und zu monumentaler Gestalt zu erheben. In seinen Bildern findet sich nicht die starke Farbigkeit wie bei Boeckl, nicht die gewittrig geladene wie bei Kokoschka, keine aufgewühlte Pinselschrift wie in Gerstls Bildern. Eggers karge Farbigkeit ist reduziert auf erdhafte Töne von Braun, Ocker, Grünlich, Rötlich, manchmal kontrastiert von Weiß und Schwarz. Durch einfache, großzügig zusammenfassende Zeichnung, durch Tonunterschiede und durch sparsam kräftige Schatten, gibt er Figuren und Dingen eine knappe, eindringlich plastische Gestalt. Eggers Gestalten wirken durch ihr einfaches Dasein, ihre ruhige Anwesenheit ist unerschütterlich und von starker innerlicher Gewalt: Studie zu „Kriegsfrauen". Seine Studien und Entwürfe zu den großen figuralen Bildern überzeugen in ihrer größeren Freiheit und Tiefe des Ausdrucks manchmal stärker als die vorgefaßte Monumentalität der endgültigen Werke. Oft bildet eine Tiroler Bauernstube den Raum des Geschehens, so für „Mittagessende Bauern", für die „Kriegsfrauen", für „Weihbrunnsprengender Bauer", für die „Pieta". In der extremen Kargheit der Braun- und Ockertöne, der holzskulpturhaft kantigen Formung der Kriegsfrauen in der Stube, welche rückwärts durch die Wandbank eckig und hart eingefaßt wird, ist dieses Werk von großer Ausdrucksstärke. Die eher seltenen Landschaftsbilder sind durch ihre große ruhige Form ebenso von starker Eindringlichkeit.

Impulsiv und wie aus ursprünglichen Tiefen hervorbrechend, holt Herbert Boeckl um 1920 zu mächtig expressiven Farberuptionen aus. Wie gewaltige Wolken ballen und formen sich Blau, Rot und Weiß mit Zwischentönen zu den Gestalten und der Landschaft in der „Gruppe am Waldrand". Boeckl treibt in dieser Zeit die Farbe zu dichtesten Ballungen, wie in der Landschaft mit „Stift Eberndorf" 1922. In starkem Kontrast baut sich der schwarz-blaue Berg — die pastose Farbe von Pinsel und Spachtel gefurcht — über den weißen und roten Flecken von Häusern und Dächern auf, vollmächtige Farbigkeit mit kompakter Dinglichkeit verschmelzend. Die Kraft des Künstlers ist groß genug, die künstlerischen Probleme wie in einem Sprung zu packen, und die Ursprünglichkeit und Intensität seiner aus tiefen Quellen kommenden Bilder faßt den Beschauer wie „an den Eingeweiden". „Badende vor Stift Eberndorf" 1922, „Sommerabend am Klopeinersee", „Berliner Hinterhäuser" 1922 sind in diesem Zusammenhang ebenso zu nennen wie „Kleines Familienbild" 1926.
In den späteren Bildern wird erkennbar, wie sich eine Entwicklung zu stärkerer Realitätsbezogenheit vollzieht, wobei die expressive Stoßkraft nicht mehr in gleichem Maße wirksam ist. In dieser Zeit ist Boeckls künstlerische Kraft — an Cézanne orientiert — auf die Darstellung sichtbarer Wirklichkeit gerichtet; stark realistische Bilder und Zeichnungen entstehen. In den letzten Kriegsjahren malt Boeckl die Altarflügel: „St. Stephanus" 1943, „St. Johannes von Nepomuk" 1943 und „Noli me tangere" 1945, in welchen er visionäre Schau mit Realitätsbezogenheit in expressiver Malerei verbindet.

Der Vorarlberger Rudolf Wacker, an der Weimarer Akademie Schüler von Egger-Lienz, malte in seiner Frühzeit in Farbe und Form scharf akzentuierte expressive Bilder. Seine Werke sind von schonungsloser Sachlichkeit und durchgehender

Intensität. Um etwa 1925 beginnt die expressive Übersteigerung in seiner Malerei einer ruhigeren Beharrlichkeit zu weichen. Seine Absicht notierte er im Tagebuch: ,,Wir wollen die Dinge entschleiern, ihre nackte Realität ist geheimnisvoll genug; wir wollen die Vision des Augenblicks bewahren, eine strenge und feste Malerei machen, die nicht zum Träumen reizt''. Mit dieser Zielsetzung wurde der Künstler zum Mitbegründer des ,,Magischen Realismus''. Seine Zeichnung hingegen bleibt bis zuletzt expressiv.

Anton Kolig war ein vitaler Künstler der Farbe. Um 1912 gelingt ihm in dem fünf Personen darstellenden ,,Familienbild Schaukal'' durch die Verteilung von Farbgewichten und die heftigen Pinselrhythmen ein zusammenfassender Zug in fast skizzenhafter Lockerheit. Unter den folgenden Bildern sind besonders das expressive ,,Bildnis der Gattin mit Blumen'' 1913, ,,Die Kinder des Künstlers Taddäus und Tontschi'' 1917 und ,,Sitzender im weißen Mantel'' 1920 zu nennen. Von etwa 1920 an wird die Darstellung des männlichen Aktes immer mehr Hauptthema Koligs. In diesen Bildern jedoch beharrt der Künstler nahezu in einer bloßen Aktmalerei, allerdings heftig und farbstark, wobei er seine Modelle je nach symbolischer Deutung liegende, kniende, oder stehende Haltungen einnehmen läßt — ein Wiederaufleben barocker Züge. Von 1944 an — der Künstler wurde bei einem Bombenangriff verschüttet und schwer verwundet — gewinnt seine Malerei einen visionären Zug: ,,Singender Frauenchor'' 1946, Entwürfe für den Salzburger Festspielhausvorhang, ,,Pieta'' 1946 - 49.

In den Landschaftsbildern aus der Umgebung Wiens und aus dem Burgenland hat der in Karlsbad geborene Josef Dobrowsky seine Malerei zur freiesten Entfaltung gebracht. Die ernteschweren Felder in Gelb, von roten Streifen durchzogen unter grünem, oder tiefblauem Gewitterhimmel und farbig verhaltene Winterlandschaften von großer Stimmungsintensität gehören zu den glücklichsten Werken von Dobrowskys malerischem Expressionismus.

Von besonderer Eigenart ist Wilhelm Thönys Malerei. Der Künstler malte in seiner Grazer Zeit dunkelfarbige Bilder in schwarzen und bläulichen Tönen, von fahler Helle aufgerissen, wie ,,Murufer in Graz''. In figuralen Bildern voll Hintergründigkeit heben sich schwärzliche Gestalten gespensterhaft in scharfen Umrissen von geheimnisvoller Umgebung ab, wie in dem Bild ,,Die Brücke''. Der Künstler ging 1931 nach Paris und später nach New York, wo er die Atmosphäre der Großstadt in eindrucksvollen Aquarellen malte.

Anton Faistauer erstrebte eine wohlklingende, vornehme Malerei. Diese Tendenz trennt den Künstler vom Expressionismus. Er war vom Impressionismus beeinflußt, suchte aber in seinen Bildern das Dingliche mehr zu verfestigen und verurteilte eine Kunst, die nichts als ,,Zauber für den empfindsamen Feinschmecker'' ist. Er suchte ,,das tiefer Menschliche''. Manchmal sind die kultivierte Farbe und der zu leichte Schwung der Komposition von Bildnissen und Akten eine Belastung für Faistauers Werk. Dagegen erscheinen Landschaftsbilder aus seiner Salzburgischen Heimat, wie ,,Schloß Saalhof in Maishofen'' 1916, ,,Sommerschnee'' 1920, ,,Blumen-

stilleben" 1924 und Bildnisse wie „Bauernmädchen" um 1916, „Dame mit Hut"
1917, wie auch Stilleben in dunkeltonigem Wohlklang, als die über Jahrzehnte
hinweg vertrautesten unter den Bildern Faistauers. Es sind die Bilder, welche jetzt
noch „Herzlichkeit", die Faistauer auch in Bildern suchte, ausströmen.

Der oberösterreichische Maler Aloys Wach ging in jungen Jahren nach Dresden
und nach Paris, wo er direkt mit dem Schaffen der Expressionisten und in Paris mit
dem der Kubisten konfrontiert war. In seinen Holzschnitten, Radierungen und
Zeichnungen aus dieser Zeit hat Wach sich mit den beiden wesentlichen Kunst-
richtungen des 20. Jahrhunderts auseinandergesetzt und schuf in diesen Blättern
seine prägnantesten Werke. In seinem späteren Leben war Wach zu isoliert und
verlor sich zu sehr in Spekulationen außerkünstlerischer Art, was zusammen mit
der Not in der Zeit der Wirtschaftskrise die Höhe und Kontinuität seiner künstlerischen
Leistung beeinträchtigte.

Wie ein erratischer Block steht das Werk Werner Bergs sperrig und quer zu allem
gängigen Kunstbetrieb. Die gestaltende Kraft des als Maler wie als Holzschneider
gleichermaßen bedeutenden Künstlers durchdringt sein Dasein in der „Wahl-
heimat Unterkärnten", wo Berg sich 1930 als Bauer auf dem Rutarhof angesiedelt
hat. Dort ist seither sein Werk voll Weite und Tiefe gewachsen. Eine feste, klar
umreißende Zeichnung baut seine Bilder auf und faßt Figur und Landschaft in die
unverwechselbar prägende Gestaltung Werner Bergs. Starke Emotion und geistige
Klarheit verbinden sich in seinen Bildern. Der Erfahrung des Ungeheuren setzte
der Künstler Bild um Bild seine ordnende Kraft entgegen. Er schaffte sich so Boden
in der Bedrängnis — schmal zuerst, dann immer breiter werdend — durch ein Werk,
das zu exemplarischer Bedeutung reifte.

Der Not und Unbill seines schweren Lebens trotzend, wuchs das Holzschnittwerk
Herbert Fladerers zu innerer Dichte und starker Aussage heran. Fladerers Holz-
schnitte von eigener expressiver Prägung sind Sinnbilder eines mühsamen,
schweren und belasteten Daseins, voll verhaltener Innigkeit und stiller Hoffnung.

Karl Starks Bilder sind ein Wogen aus Farbe, das vor der Landschaft, vor dem
Stilleben, vor der menschlichen Figur entsteht. Die Farbe wird gleichsam geknetet
in pastoser Zähigkeit und in ihren Werten differenziert, bis der Künstler einen
Gleichgewichtszustand zwischen innerer Gestalt und gegenständlichem Er-
scheinungsbild erzielt. Unter Berufung auf Cézanne fordert Stark eine Besinnung
auf die Natur. Das entschieden malerische Temperament des Künstlers offenbart
sich schon in seinen Zeichnungen der frühen Vierzigerjahre. Von zahlreichen
Landschaften Starks schreibt Albert Paris Gütersloh: „. . . an denen der Pinsel des
Malers meisterhaft sich bewährt. Wir sagen Pinsel und Maler, denn vom Zeichnen
ist keine Rede". . . „Gerade auf den Gesamteindruck kommt es Stark an".
Hans Aurenhammer, der Direktor der Österreichischen Galerie, sagt im Hinblick
auf Starks geradlinige Verfolgung eines Zieles: „Eine rigorose Rechtlichkeit, die
ihn bei seinem Urerlebnis, der Farbe, bleiben ließ, ungeachtet dessen, was Mode
und Erfolg brachten und forderten, prägt auch seine Persönlichkeit".

Ein markantes Beispiel, wie trotz äußerer Zwänge ein künstlerisches Werk an innerer Dichte gewinnen kann, ist das Schaffen von Otto Jungwirth. Die Eintönigkeit im Alltagsleben einfacher Großstadtmenschen, ihre Armut, Einsamkeit und Krankheit, erregen Jungwirths starke Anteilnahme, die auch in seinen Zeichnungen und Bildern ihren überzeugenden Ausdruck findet.

Hans Plank sucht in Bildern und Holzschnitten Erlebnisbedingtes und Wirklichkeitsbezogenes in einem realistischen Expressionismus zu fassen, wobei Edvard Munchs Feststellung: „Ich male nicht, was ich sehe, sondern was ich gesehen habe" sich auch auf die Art seines Schaffens beziehen läßt.

Diese Übersicht ist gewiß nicht vollständig. Es geht aber daraus hervor, wie die „stiftende Tat der Expressionisten" weiterwirkt. In einer wesenhaft gültigen Feststellung Heimo Kuchlings, die Grundsätzliches über den Expressionismus aussagt, wird auch auf die Gründe seiner bleibenden Wirkung hingewiesen:
„Expressionismus ist kein abstrakter Idealismus, der den Boden, auf dem er entstand, verlieren konnte. Expression kann sich von den sie auslösenden realen Faktoren nicht so weit abheben, daß sie die Bindung an Realität verlieren oder aufgeben könnte. Wo die Wirklichkeit den Künstler feindlich angreift, wo sie ihn bestürzt, gefährdet, oder — im Gegenteil — wo ihm substantielle Kräfte aus ihr zufließen und ihn bereichern, wird es ihn zur Expression, zum Ausdruck seiner Erlebnisse und Erfahrungen drängen. Kunst, die nicht prunkvolle Repräsentation, die nicht Andachtsbild ist, die nicht auf innerkünstlerische — formale — Problemstellungen sich beschränkt, ist Ausdruckskunst, in ihr geht die Saat, die der Expressionismus gesät hat, auf. Wandlungen der Form entsprechen Wandlungen der Wirklichkeit."

Tafel II

13

GVSTAV
KLIMT
NACHLASS

19

25

26

29

A.K. 23

54

61

Thea, October 1929 M.

66

Tafel III

Bildverzeichnis

Frontispiz:

Egon Schiele
Sonnenblumen
Kolorierte Zeichnung, 1917
Graphische Sammlung Albertina, Wien

Tafel I

Egon Schiele
Bozener Pfarrkirche
Farbkreidezeichnung, 1906
Privatbesitz, Wien

Tafel II

Egon Schiele
Klostergang
Farbkreide auf grauem Papier, 1907
Privatsammlung, Wien

GUSTAV KLIMT

geb. 1862 in Baumgarten b. Wien -
gest. 1918 in Wien

Klimt studierte an der Wiener Kunstgewerbe-
schule und kam in der Nachfolge Makarts
mit dekorativen Wandgemälden zu großem
Ansehen in der Gesellschaft. Als führender
Künstler des Jugendstils zunächst hochge-
ehrt, wurden um seine Entwürfe zu den
Fakultätsbildern für die Wiener Universität
heftige Auseinandersetzungen geführt, die
Klimt schließlich mit der Zurückweisung des
Auftrages beendete.
Sein hohes Können übte einen großen Ein-
fluß auf junge Künstler und auf das Wiener
Kunstleben aus.

13
Gustav Klimt
Dame mit Hut und Federboa
Gemälde, 1909
Österreichische Galerie, Wien
Foto Otto, Wien

14
Gustav Klimt
Studie zum Portrait
Adele Bloch-Bauer, stehend
Bleistiftzeichnung, 1912
Galerie Würthle, Wien

15
Gustav Klimt
Dame mit Turbanhut
Bleistiftzeichnung, um 1900
Galerie Würthle, Wien

16
Gustav Klimt
Birkenwald
Gemälde, 1903
Neue Galerie der Stadt Linz
Wolfgang-Gurlitt-Museum

17
Gustav Klimt
Allee im Park von Schloß Kammer
Gemälde, 1912
Österreichische Galerie, Wien
Foto Otto, Wien

18
Gustav Klimt
Studie einer stehenden Frau
mit Spiegelbild
Bleistiftzeichnung, 1905/07
Graphische Sammlung Albertina, Wien

19
Gustav Klimt
Mädchenkopf
Federzeichnung, 1916/17
Graphische Sammlung Albertina, Wien

EGON SCHIELE

geb. 1890 in Tulln a.d. Donau -
gest. 1918 in Wien

Nach seiner Ausbildung an der Wiener

Akademie wurde für Schiele die Begegnung mit Gustav Klimt wegweisend für das weitere Werk. In Thematik und Formenkanon deutlich von Klimt angeregt, entwickelte er jedoch sehr früh eine völlig eigenständige Handschrift und Farbigkeit, die seine Arbeiten unverkennbar macht. Mancherlei Anfeindungen, denen er ausgesetzt war, konnten ihn von seinem Weg nicht abbringen. Kurz vor seinem frühen Tod brachte eine Ausstellung in der Sezession große Anerkennung und auch ersten materiellen Erfolg.

20
Egon Schiele
Krumauer Landschaft
Gemälde, 1916
Neue Galerie der Stadt Linz
Wolfgang-Gurlitt-Museum

21
Egon Schiele
Alte Giebelhäuser in Krumau
Schwarze Kreide, 1917
Graphische Sammlung Albertina, Wien

22
Egon Schiele
Vier Bäume
Gemälde, 1917
Österreichische Galerie, Wien
Foto Otto, Wien

23
Egon Schiele
Bildnis Trude Engel
Gemälde, 1913
Neue Galerie der Stadt Linz
Wolfgang-Gurlitt-Museum

24
Egon Schiele
Hockende,
den linken Arm vorgeschoben
Zeichnung, 1918
Graphische Sammlung Albertina, Wien

25
Egon Schiele
Sitzende Frau
mit hochgezogenem Knie
Kreide und Deckfarben, 1917
Nationalgalerie, Prag
Foto: Archiv Welz Verlag, Salzburg

26
Egon Schiele
Männlicher Akt
Rötelstudie, 1908
Privatsammlung, Wien

27
Egon Schiele
Wächter
Kreidezeichnung, 1906
Privatsammlung, Wien

28
Egon Schiele
Die Frau des Künstlers
Bleistift und Deckfarben, 1917
Graphische Sammlung Albertina, Wien

29
Egon Schiele
Selbstbildnis mit Aktmodell
vor dem Spiegel
Bleistiftzeichnung, 1910
Graphische Sammlung Albertina, Wien

OSKAR KOKOSCHKA

geb. 1886 in Pöchlarn -
gest. 1980 in Montreux

Kokoschka absolvierte die Wiener Kunstgewerbeschule und trat in die von den Lehrern der Schule gegründete „Wiener Werkstätte" ein, von deren stilistischer Einschränkung er sich jedoch bald löste. Er kämpfte als Maler und Dichter gegen das etablierte Spießbürgertum, die Aufführung seines Stückes „Mörder Hoffnung der Frauen" löste 1909 einen Skandal aus —

und machte ihn bekannt. Kokoschka meldet
sich bei Ausbruch des Ersten Weltkrieges
als Freiwilliger zur Kavallerie. Nach schwerer
Verwundung 1915 in Wien und Dresden im
Militärspital. Von 1919 bis 1924 Akademieprofessor in Dresden — in den folgenden
Jahren auf Reisen — Städtebilder. Die Ver-
fehmung im Nazideutschland erzwang einen
langjährigen Londonaufenthalt. 1954 Nieder-
lassung in Villeneuve am Genfer See, das
ständiger Wohnsitz blieb.

30
Oskar Kokoschka
Die Windsbraut
Gemälde, 1914
Kunstmuseum, Basel
Colorphoto Hans Hinz, Basel

31
Oskar Kokoschka
Selbstbildnis
Gemälde, 1917
Von der Heydt Museum, Wuppertal

32
Oskar Kokoschka
Die Mutter des Künstlers in einem
Sessel sitzend und schlafend
Kohlezeichnung
Graphische Sammlung Albertina, Wien

33
Oskar Kokoschka
Augustusbrücke von Dresden
Gemälde, 1923
Stedelijk van Abbe-Museum, Eindhoven

34
Oskar Kokoschka
Ruhende, Kopf auf rechten Arm gestützt
Kreidezeichnung, um 1924
Graphische Sammlung Albertina, Wien

35
Oskar Kokoschka
Studie zu „Konzert"
Kreidezeichnung
Graphische Sammlung Albertina, Wien

36
Oskar Kokoschka
Die Freunde
Gemälde, 1917/18
Neue Galerie der Stadt Linz
Wolfgang-Gurlitt-Museum

37
Oskar Kokoschka
Trudl, Doppelbildnis
Zeichnung, 1931
Graphische Sammlung Albertina, Wien

RICHARD GERSTL

geb. 1883 in Wien - gest. 1908 in Wien

Wie sein fragmentarisches Werk nur ein
kurzes Aufflammen überragender Begabung
ist, zeigt auch sein künstlerischer Werde-
gang keine Kontinuität. Sein Besuch der
Akademie ist mehrfach unterbrochen worden,
allzu unterschiedliche Auffassungen zwangen
ihn bald zum Ausscheiden. Auch Heinrich
Lefler, der ihm eine Reihe von Sonderver-
günstigungen einräumte, konnte den be-
gabten Schüler nicht lange halten. Gerstl
bekam wesentliche Eindrücke durch den
Impressionismus und durch Munch (Aus-
stellungen in Wien).
Sein ausgeprägtes musikalisches Interesse
führte zu engen Beziehungen zum Schön-
berg-Kreis. Die kurze Freundschaft zu
Schönberg und dessen Frau zerbrach, Gerstl
fühlte sich isoliert und verübte — nur Fünf-
undzwanzigjährig — Selbstmord.

38
Richard Gerstl
Familie Schoenberg
Gemälde, um 1908
Museum moderner Kunst, Wien
Foto Mayr, Wien

39
Richard Gerstl
Donaukanal
Gemälde, um 1906
Galerie Würthle, Wien

Tafel IV

ALBIN EGGER - LIENZ

geb. 1868 in Striebach b. Lienz -
gest. 1926 in Bozen

Seine Abkunft aus der Tiroler Bergwelt ist
für den Menschen wie den Künstler unverkennbar. Der Vater, Kirchenmaler von Beruf,
ermöglichte ihm den Besuch der Münchner
Akademie, wo zunächst Defregger sein Vor-
bild war. Das erste Bild, das ihm in Wien
Anerkennung brachte, war noch ganz in
dessen Geiste konzipiert. Doch bald entwickelte Egger seinen eigenen Stil. Seine
erdhafte, ausdrucksstarke und farblich verhaltene Malerei setzte um die Jahrhundertwende ein. Nach kurzer Lehrtätigkeit als
Akademieprofessor in Weimar kehrte Egger
in die Heimat zurück, in eine Welt, die er für
seine Arbeit unabdingbar brauchte.

40
Albin Egger-Lienz
Kopfstudie zur Frau links oben in
,,Kriegsfrauen''
Kohlezeichnung, 1918
Tiroler Landesmuseum Ferdinandeum,
Innsbruck
Foto: Archiv Edition Tusch, Wien

41
Albin Egger-Lienz
Das Mittagessen
Gemälde, um 1916
Galleria Nazionale d'Arte Moderna, Rom
Foto: Archiv Edition Tusch, Wien

ALOIS WACH

geb. 1892 in Lambach -
gest. 1940 in Braunau

Einige private Malschulen in Wien und
München, Besuche in Berlin (mit Kontakt zu
Herwarth Waldens ,,Sturm'') und München,
wo er in Verbindung zu den Künstlern des
,,Blauen Reiter'' trat, sowie ein zweijähriger
Aufenthalt in Paris, sind die Ausgangssta-
tionen seines expressionistischen Schaffens,
das in der Mitte der Zwanzigerjahre seinen

Abschluß fand, als andere Einflüsse in den
Vordergrund traten.

42
Alois Wach
Erlösung
Holzschnitt, 1919

43
Alois Wach
Mutter
Holzschnitt, 1919

44
Albin Egger-Lienz
Die Quelle (erste Fassung)
Gemälde, 1923
Sammlung Dr. Rudolf Leopold, Wien
Foto: Archiv Edition Tusch, Wien

45
Albin Egger-Lienz
Studie zu einem alten Mann
(zu ,,Wallfahrer'')
Zeichnung mit schwarzer Kreide, 1904
Graphische Sammlung Albertina, Wien

HERBERT BOECKL

geb. 1894 in Klagenfurt - gest. 1966 in Wien

Sein Architekturstudium wurde durch den
Ersten Weltkrieg unterbrochen. Als Maler
Autodidakt, erste Bilder in der Kriegszeit.
Nach 1920 stark expressionistische Entfaltung, Aufenthalte in Berlin, Paris und auf
Sizilien. Einfluß Cézannes. Von 1931 bis
1965 Professor an der Wiener Kunstakademie, zweimal Rektor. Nach dem Krieg
visionär abstrakte Gestaltung. Fresken in
der Engelskapelle des Stiftes Seckau.

46
Herbert Boeckl
Stift Eberndorf
Gemälde, 1922
Österreichische Galerie, Wien
Foto Otto, Wien

47
Herbert Boeckl
Gruppe am Waldrand
Gemälde, 1920
Museum moderner Kunst, Wien.
(Leihgabe)

48
Herbert Boeckl
Frau beim Nähen (Gattin des Künstlers)
Kohlezeichnung
Graphische Sammlung Albertina, Wien

49
Herbert Boeckl
Stilleben mit Pfirsichen vor rotem
Hintergrund
Gemälde, 1925
Neue Galerie der Stadt Linz
Wolfgang-Gurlitt-Museum. (Leihgabe)

50
Herbert Boeckl
Kinderkopf
Kohlezeichnung
Graphische Sammlung Albertina, Wien

51
Herbert Boeckl
Baumstudie am Wörthersee
Kohlezeichnung
Graphische Sammlung Albertina, Wien

JOSEF DOBROWSKY

geb. 1889 in Karlsbad - gest. 1964 in Wien

Nach dem Studium an der Wiener Akademie
und der Militärzeit im Ersten Weltkrieg,
wandte sich Dobrowsky, angeregt durch
Egon Schiele, dem Expressionismus zu.
1947 bis 1963 war er Professor an der Wiener
Akademie.

52
Josef Dobrowsky
Ernte bei Gewitter
Gemälde, 1948
Neue Galerie der Stadt Linz
Wolfgang-Gurlitt-Museum

53
Josef Dobrowsky
Blumenstilleben
Gemälde, um 1939
Galerie Würthle, Wien

ANTON KOLIG

geb. 1886 in Neutitschein in Mähren -
gest. 1950 in Nötsch

Nach seinem Studium an der Kunstgewerbeschule Wien und an der Akademie der
Bildenden Künste in Wien, verhalf ihm ein
Stipendium, das er auf Empfehlung von
Gustav Klimt erhielt, zu einem längeren
Frankreichaufenthalt. Nach dem Kriegs-
dienst ließ er sich in Nötsch in Kärnten nieder.
1928 übernahm er eine Professur an der
Akademie Stuttgart, bis 1943. Von 1943 bis
zu seinem Tod lebte er in Nötsch, wo er
1944 bei einem Bombenangriff schwer verwundet wurde.

54
Anton Kolig
Aufschwebender
Bleistiftzeichnung, 1923
Galerie Würthle, Wien

55
Anton Kolig
Sitzende
Kohlezeichnung, um 1920
Galerie, Würthle, Wien

56
Anton Kolig
Portrait der Opernsängerin M. Pfleghar
Gemälde, 1941
M. Kolig, Vordernberg

57
Anton Kolig
Sitzender im weißen Mantel
Gemälde, 1920
C. Kolig, Villach

HERBERT FLADERER

geb. 1913 in Wien, lebt in Wernstein

Nach der Ausbildung an der Graphischen Lehr- und Versuchsanstalt und an der Akademie der Bildenden Künste in Wien, war Fladerer bis 1945 Soldat. Nach dem Krieg begann er sein umfangreiches Holzschnittwerk arbeitete als Graphiker und schuf Wandgestaltungen.

58
Herbert Fladerer
Mutter mit Kind
Holzschnitt, 1952

59
Herbert Fladerer
Angst
Holzschnitt, 1972

ANTON FAISTAUER

geb. 1887 in St. Martin bei Lofer - gest. 1930 in Wien

Nach dem Studium an der Wiener Akademie (zusammen mit Anton Kolig und Egon Schiele), arbeitete er zunächst in Salzburg, später in Wien. Wichtigste öffentliche Aufträge wurden die Ausmalung der Kirche von Morzg und später die Fresken im Foyer des von Clemens Holzmeister gestalteten Salzburger Festspielhauses.

60
Anton Faistauer
Sommerschnee
Gemälde, 1920
Museum Carolino Augusteum, Salzburg
Foto: Archiv Residenz Verlag, Salzburg

61
Anton Faistauer
Blumenstilleben, Zinnien in Vase
auf Sessel
Gemälde, 1924
Privatbesitz, Salzburg
Foto: Archiv Residenz Verlag, Salzburg

WILHELM THÖNY

geb. 1888 in Graz - gest. 1949 in New York

Thöny studierte an der Akademie in München bei Jank und Hackl und arbeitete auch nach dem Studium längere Zeit in München, wo er zu den Mitbegründern der Sezession gehörte. Seine späten Arbeiten, in Amerika entstanden, bringen eine völlig neue Klangfarbe in den Expressionismus.

62
Wilhelm Thöny
Sitzende Frau
Bleistiftzeichnung
Graphische Sammlung Albertina, Wien

63
Wilhelm Thöny
Pariser Straße
Tuschezeichnung
Graphische Sammlung Albertina, Wien

64
Wilhelm Thöny
Mondnacht am Murufer in Graz
Gemälde, 1928
Österreichische Galerie, Wien
Foto Otto, Wien

65
Wilhelm Thöny
Park
Bleistiftzeichnung
Graphische Sammlung Albertina, Wien

HANS PLANK

geb. 1925 in Weng, lebt in Braunau

Nach Absolvierung der Bundeslehrerbildungsanstalt Studium an der Akademie der Bildenden Künste in Wien bei Herbert Boeckl und A.P. Gütersloh. Studienaufenthalt in London. Freischaffender Maler und Holzschneider.

66
Hans Plank
Bildnis Sebastian
Gemälde, 1981
Im Besitz des Künstlers

67
Hans Plank
Holzfäller
Gemälde, 1980
Im Besitz des Künstlers

68
Hans Plank
Einsamer Mann
Holzschnitt, 1971

OTTO JUNGWIRTH

geb. 1933 in Wien, lebt in Wien

Jungwirth studierte an der Akademie in Wien
und erhielt eine Ausbildung als Lehrer an
der Bundeslehrerbildungsanstalt in Wien.
Er lebt als Lehrer und Maler in Wien.

69
Otto Jungwirth
Magda
Bleistiftzeichnung, um 1974
Im Besitz des Künstlers

KARL STARK

geb. 1921 in Glojach, lebt in Wien

Seine Ausbildung erhielt Karl Stark — unterbrochen durch die Kriegsjahre, die er als
Soldat verbrachte — an der Meisterschule
für Malerei in Graz, dann an der Akademie
in Wien. Stark lebt als Maler in Wien und in
Radlach (Kärnten).

70
Karl Stark
Sonnige Felder im Spätherbst
Gemälde, 1957
Im Besitz des Künstlers

71
Karl Stark
Sonnige Landschaft mit roten Dächern
Gemälde, 1961
Im Besitz des Künstlers

RUDOLF WACKER

geb. 1893 in Bregenz - gest. 1939 in Bregenz

Nach Studien in Bregenz, Wien und Weimar
(bei Egger-Lienz), nach Kriegsteilnahme
und Gefangenschaft in Sibirien, konnte
Wacker erst 1924 sich voll entfalten. Der
Kontakt mit den Malern der Brücke in Berlin
wurde für seine expressionistische Zeit
prägend.

72
Rudolf Wacker
Sitzende Rumänin
Blaustiftzeichnung, 1924
Aus R. Wacker-Sandner:
Zeichnen als Befreiung
Neufeld Verlag, Lustenau

Tafel III

Egon Schiele
Engel
Farbkreide auf grauem Papier, 1907
Privatsammlung, Wien

Tafel IV

Egon Schiele
Komposition
Aquarell, 1904
Privatbesitz, Wien